Francis Ray Hoff

FISCHE
RÄUCHERN

Francis Ray Hoff

FISCHE

RÄUCHERN

INHALT

Theorie und Wissenswertes

Einführung • Kalträuchern – Ursprung • Zeitaufwand
Heißräuchern mit einem kleinen Räucherofen • Heißräu-
chern mit Dampfeinsatz • Heißräuchern mit einem
Tonnenofen Salzen und Würzen • Waschen und Trocknen
Räuchermehl • Räuchern • Frische und Lagerung
Ausnehmen • Getränke   Seite 6-15

REZEPTE

Süßwasserfische

Räucheraal mit blanchiertem Gemüse	19
Geräucherter Aal	20
Räucheraal mit Rührei	21
Geräucherte Äschen	23
Geräucherte Forellen	25

Marinierte Forellenschnitten	26
Kleine Pasteten	
mit geräucherter Forelle	27
Geräucherte Hechtnockerl	29
Geräucherte Karpfenkoteletts	31
Geräucherte Karpfenschnitten	33
Warmgeräucherter Lachs	35
Geräucherte Lachsspieße	36
Mousse von warmgeräuchertem Lachs	37
Geräucherte Renken	39
Brotaufstrich mit geräucherter Renke	41
Geräucherte Saiblinge	43
Geräucherter Saibling	
mit weißen Bohnen	44
Gebratene Saiblingsschnitten	45
Geräucherte Schleien	47
Geräucherte Wallerpflanzerl	49
Geräucherter Waller	
auf Tomatenkraut	51

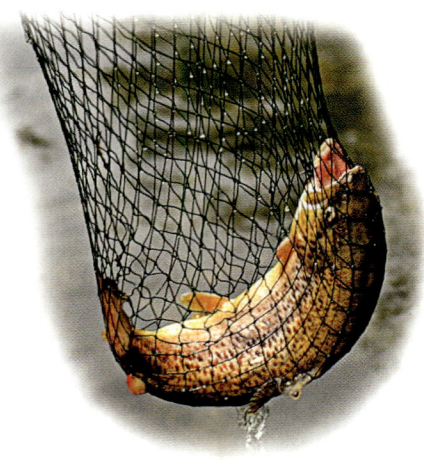

INHALT

Meeresfische

Geräucherte Heringe   55
Geräucherte Rollmöpse   57
Geräucherte Makrelen   59

Geräucherte Rotbarben   61
Geräucherter Rotbarsch
   mit Speckmantel   63
Geräucherte Sardinen   65
Geräucherte Scholle   67
Geräucherter Seeteufel
   auf Tomatensauce   69
Geräucherte Seezunge   71
Geräucherter Steinbutt   73
Geräucherte Thunfischsteaks   75
Geräucherter Wolfsbarsch   77
Salat vom geräuchertem Wolfsbarsch   79

Schalentiere

Geräucherte Edelkrebse   83
Salat von geräucherten Edelkrebsen   83
Geräucherte Gambas   85
Salat von geräucherten Gambas   85
Geräucherte Muscheln   87
Salat von geräucherten Muscheln   87

Saucen

Sahnemeerrettich • Braune Buttersauce
mit Kapern • Mayonnaise •
RouilleKrebsbutter • Buttersauce •
Sauce Tartare   Seite 90-92

Herstellernachweis

Hersteller- und Vertriebsverzeichnis   93
Register   94

Theorie und Wissenswertes

EINFÜHRUNG

Das Räuchern von Fischen ist eine der ältesten Konservierungsmethoden für Fische. Früher hat man Fische geräuchert, um sie länger aufbewahren zu können. Statt den Fisch zu trocknen wie beim Klippfisch oder mit Salz zu konservieren wie bei den Salzheringen, wurde der Fisch in Salz eingelegt, damit »vorgegart« und dann bei niedriger Temperatur geräuchert. Durch diesen Wasserentzug wurde eine längere Haltbarkeit erzielt. Aber spätestens seitdem die Gefriertruhe zur selbstverständlichen Ausstattung einer modernen Küche gehört, ist Haltbarkeit kein Thema mehr.

Heute wird Fisch geräuchert wegen des Geschmacks und, weil es für den Hobbykoch, der gerne im Freien brutzelt, auch Spaß macht. Statt zum beliebten sommerlichen Grillfest einzuladen, kann man für Freunde Fische räuchern und mit etwas Anglerlatein noch dazu einen gemütlichen Abend verbringen. Für den Tüftler gibt es unendliche Möglichkeiten mit Räuchersalzmischungen, Gewürzen, Kräutern und Kombinationen von Räuchermitteln zu experimentieren. Und das ist auch Thema dieses Buches: Frisch gefangene Fische gleich am Ufer zu räuchern oder zu Hause im Garten den würzigen Geschmack eines einfach zubereiteten Fischgerichts zu genießen.

Bei den meisten Anglern und Hobbyköchen fallen nur kleinere Mengen Fisch an, die in einem kleinen Räucherofen bestens zubereitet werden können. Das Gerät hat Platz auf einem kleinen Kellerregal und kann überallhin mitgenommen werden. Eine Räucherkammer oder ein -schrank lohnt sich in der Regel nur für einen Fischereibetrieb oder Anglerverein, die größere Mengen Fisch verarbeiten. Wer für den Privatverzehr räuchert, hat keine gesetzlichen Vorschriften zu beachten. Nur bei Weiterverkauf der geräucherten Ware sind verschiedene rechtliche Punkte festgelegt.

KALTRÄUCHERN – URSPRUNG

Es gibt zwei grundsätzlich verschiedene Arten zu räuchern: mit heißem Rauch und mit kaltem Rauch. Das Kalträuchern ist eine uralte Kunst. Statt Fische zu trocknen oder einzusalzen, wurden sie in eine Salzlake eingelegt und anschließend bei niedrigen Temperaturen geräuchert. Dadurch wurde eine längere Haltbarkeit erreicht, die nicht nur für den eigenen Bedarf wichtig war, sondern auch für den Verkauf auf weiter entfernteren Märkten. Es wird behauptet, dass sich das Kalträuchern aus dem Trocknen von Fischen entwickelt hat. Unter den Fischen, die zum Trocknen aufgehängt wurden, soll ein rauchiges Feuer gelegt worden sein, um Insekten zu vertreiben. So wurde der angenehme Geschmack des Räucherfisches entdeckt.

ZEITAUFWAND

Das Kalträuchern eignet sich unter anderem für Lachse, große Forellen oder Saiblinge, Heilbutt, Makrelen und Heringe. Bei einem kaltgeräucherten Lachs wird der Fisch erst 36 Stunden mit Salz, Pfeffer und Zucker mariniert. Der Rauch wird in speziellen Öfen durch mehrere Kammern gefiltert und auf eine Temperatur von 20-30 °C abgekühlt. Die Räucherzeit beträgt zwischen 16 und 24 Stunden. Dagegen werden Lachsfilets auf einem kleinen Heißräucherofen nur 1 $^1/_2$ Stunden gesalzen

und 20 Minuten geräuchert. *Time is money . . .*
und schon allein wegen des Zeitaufwandes ist
das Heißräuchern für den Hobbykoch und
Angler besser geeignet. Räucherlachs und
Graved Lachs sind nach wie vor am belieb-
testen für Cocktailcanapés und elegante Vor-
speisen. Neuerdings wird aber auch der heißgeräucherte Stremel-Lachs in
Feinkostgeschäften immer öfter angeboten.
Man ist also mit einem kleinen Heißräucherofen aus dem Angelgeschäft bestens ausgerüstet.

HEISSRÄUCHERN
MIT EINEM KLEINEN
RÄUCHEROFEN

Die Rezepte in diesem Buch wurden alle mit
einem »Cormoran« Räucherofen ❶ zubereitet. Das System ist denkbar einfach: Nachdem
die Fische gesalzen, gewaschen und getrocknet wurden, wird die Vertiefung im Boden des
Räucherofens etwa 1 $\frac{1}{2}$ cm tief mit Räuchermehl gefüllt und mit dem kleinen Schutzblech
zugedeckt ❷ + ❸. Dadurch kann kein Fett
auf das Räuchermehl tropfen und der Rauch
verteilt sich gleichmäßig um die Fische. Auf
keinen Fall darf austretendes Fett mit dem
Räuchermehl in Berührung kommen, da sich
sonst gesundheitsschädliche Stoffe entwickeln
können. Anschließend werden die vorbereiteten Fische oder Fischfilets auf den Rost gelegt,
mit dem Deckel zugedeckt und mit Hilfe der
zwei Spiritusbrenner geräuchert ❹. Die Men-
ge an Räuchermehl ist bei allen Rezepten
gleich; die Temperatur muss nicht reguliert
werden, sondern bleibt immer konstant. Die
einzige Arbeit liegt also in der Vorbereitung
der Fische.

HEISSRÄUCHERN MIT DAMPFEINSATZ IM TOPF

Fischfilets oder kleinere Fische können auch in einem gewöhnlichen Kochtopf mit Dampfeinsatz geräuchert werden **5**, **6**, **7**. In diesem Fall werden die Fische genauso gesalzen, gewaschen und getrocknet wie bei dem kleinen Räucherofen. Dann wird Räuchermehl über den Boden des Topfes gestreut, die Fische werden in den gelochten Einsatz gelegt, mit dem Deckel zugedeckt und ganz einfach auf der Herdplatte geräuchert. Ob die Hausfrau gerne zusieht, wie ihr schöner Gemüsetopf dazu zweckentfremdet wird, ist eine andere Frage, aber theoretisch könnte man einen bestimmten Topf für diesen Zweck reservieren! Die im zweiten Teil vorgestellten Rezepte gelten für das Räuchern im Kochtopf genauso wie für das mit kleinen Räucheröfen. Um die richtige Hitze der Herdplatte und die genaue Räucherzeit festzustellen, ist man auf einen Probelauf angewiesen. Außerdem ist es ratsam, den Deckel nur auf dem Balkon abzunehmen, damit nicht die gesamte Kücheneinrichtung mitgeräuchert wird!

HEISSRÄUCHERN MIT EINEM TONNENOFEN

Für Aale und größere Fische, wie einen Zander oder eine Forelle von 2 kg, die am besten hängend geräuchert werden, lohnt es sich, einen ausziehbaren Tonnenräucherofen **8**, **9** zu nehmen. In diesem Fall werden die vorbereiteten Fische mit speziellen Fischhaken **10** in den Ofen gehängt, der von unten mit Holzkohlenglut geheizt wird. Generell darf die Temperatur 110 °C **11** nicht übersteigen. Das Räuchermehl wird erst in der Endphase über die

Glut gestreut. Dabei soll die Temperatur, die durch ein Loch im Deckel gemessen wird, auf 60 °C sinken. Bei der größeren Räucherkammer, die sich langsamer erwärmt, muss man aber mit Rauchzeiten von $1^1/_2$-2 Stunden rechnen und auch einige Erfahrung haben. Es gibt natürlich eine Vielfalt von selbst hergestellten Modellen, die den Garten nicht besonders verschönern, aber durchaus gute Ergebnisse bringen. Für den Einstieg empfiehlt sich allerdings einer der einfachen kleinen Öfen.

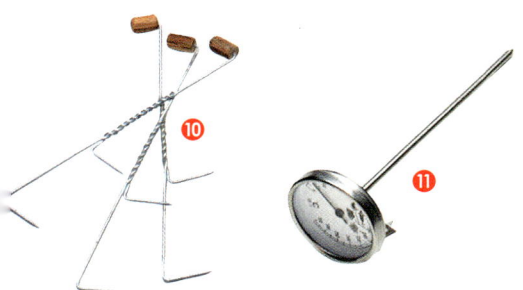

SALZEN & WÜRZEN

Um mit dem Räuchern zu beginnen, müssen die Fische zunächst gesalzen werden. Dazu kann man eine Salzlake von 5-8% (50-80 g Salz auf 1 Liter Wasser) mischen und die Fische darin 12 Stunden bei Zimmertemperatur ziehen lassen. Für den Hobbykoch ist es aber praktischer, sie trocken zu salzen. Hierfür wird der Boden eines Bräters mit Räuchersalz bedeckt und die Fische mit dem gleichen Räuchersalz innen und außen gesalzen. Man lässt sie $1^1/_2$ Stunden ziehen und wendet sie von Zeit zu Zeit. Die Mischung darf nur einmal benützt werden. Die Fische können gleichzeitig nach Belieben gewürzt werden. Dabei kann man seiner Fantasie freien Lauf lassen. Ob man Schalotten, Knoblauch, Thymian, Paprika, Curry oder Wacholder bevorzugt, sämtliche Rauchsalzmischungen können ausprobiert werden. Sie werden in jedem Angelgeschäft auch fertig gemischt angeboten oder man kann sie selbst zusammenstellen. Fast jedes Küchengewürz ist erlaubt, ebenso Kochsalz und Meersalz oder Speck und Zwiebeln.

WASCHEN & TROCKNEN

Nach dem Salzen müssen die Fische innen und außen unter fließendem Wasser abgewaschen werden. Es dürfen keine Salzreste an der Haut kleben bleiben. Anschließend müssen sie getrocknet werden. Filets werden trocken getupft und zum Abtropfen auf Küchenkrepp gelegt. Portionsfische können an einem luftigen Ort aufgehängt werden. In England werden die Filets von großen Forellen teilweise an die Wäscheleine gehängt. Sie müssen aber vor Insekten geschützt werden und dürfen auf keinen Fall in der prallen Sonne hängen. Je länger der Fisch trocknet, desto fester und dunkler in der Farbe wird der fertige Räucherfisch sein. Er verliert auch weniger Fett, während kürzer getrockneter Fisch zarter und heller wird. Bei kaltgeräucherten Fischen werden zum Trocknen Zeiten von 1 bis 3 Stunden angegeben, aber bei einem kleinen Räucherofen reichen meist 20 Minuten.

RÄUCHERMEHL

Das Räuchermehl muss aus harzfreiem Holz sein. Die üblichen Sorten, die in fertigen Päckchen angeboten werden, sind meist aus Eiche, Erle und Buche, wobei Kastanienholz, Esche und Weide auch genommen werden können. Man kann sie kombinieren und Wacholder oder Rebholz beimischen. Das Mehl darf nicht feucht oder muffig sein! Die Wahl des Räuchermehls beeinflusst nicht nur den Geschmack des Räucherfisches, sondern auch die Farbe. Logischerweise wird ein Fisch, der mit Buchenmehl geräuchert wird, gelblicher und einer, der mit Eichenmehl oder Erlenmehl zubereitet wird, bräunlicher. Gerade beim Räuchern kommt es sehr auf den persönlichen Geschmack an und um diesen Geschmack genau zu treffen, wird man ein bisschen experimentieren müssen.

RÄUCHERN

Die Fische müssen vorsichtig auf den Rost gelegt werden, ohne dass die Schwanzflosse, andere Flossen oder die Nase die Ofenseiten berühren, wo sie sonst anbrennen würden. Der verschlossene Ofen wird auf den Rahmen über die zwei Spiritusbrenner gestellt und erst, wenn der Deckel sich warm anfühlt, beginnt die angegebene Räucherzeit. Dabei gibt es eine einfache Faustregel: *pro Zentimeter Rückenbreite des Fisches rechnet man 5 Minuten Räucherzeit*. Man soll aber nicht vergessen, dass Garzeiten nicht nur von Fischart zu Fischart variieren, sondern auch von Gewässer zu Gewässer. Wie bei einem gedämpften Fisch, ist der Räucherfisch gar, wenn sich die Bauchflosse leicht herausziehen lässt.

FRISCHE & LAGERUNG

Fische zum Räuchern müssen genauso frisch sein wie die für ein Pfannengericht. Sie dürfen keinen ausgeprägten Fischgeruch haben und die Kiemen müssen rötlich, nicht bräunlich sein. Die Fische können auch ruhig vorher eingefroren sein. Nur sollte man nicht den Fehler machen, sie zu lang in der Tiefkühltruhe liegen zu lassen. Nach vier Monaten wird bei Fischen mit einem durchschnittlichen Fettgehalt keine Geschmacksänderung zu erkennen sein, aber ein Fisch mit viel Fett wie Aal, Waller oder Lachs, fängt nach 6 Wochen an, tranig zu schmecken. Das gleiche gilt natürlich für eingefrorene Räucherfische. Heißgeräucherte Fische sind zwar nicht so lange haltbar wie kaltgeräucherte, aber sie können ohne Vakuumverpackung 1 Woche im Kühlschrank aufbewahrt werden. Noch besser halten sie sich im Keller, wo sie den Geruch von anderen Produkten nicht annehmen und andere Lebensmittel nicht mit ihrem Geruch beeinflussen können. Vakuumverpackt halten sie mindestens 2 Wochen, aber am feinsten schmecken sie in den ersten 3 Tagen. Wenn Räucherfische im Kühlschrank aufbewahrt werden, sollten sie am besten in Wachspapier eingewickelt und einige Stunden vor Verzehr bei Zimmertemperatur aufgewärmt werden.

AUSNEHMEN

Renken und Heringe, die vom Fischhändler bezogen werden, wird man schon geschuppt kaufen. Sonst müssen Räucherfische nicht extra geschuppt werden, da die Haut von der Oberseite des fertig geräucherten Fisches in einem Stück abgezogen wird. Man kann grundsätzlich jede Fischart von Meeresfisch oder Süßwasserfisch in der Haut oder filetiert räuchern. Zum Filetieren eignet sich folgende Methode.

Zuerst wird die Bauchdecke vom Weidloch bis zu den Kiemen mit einem spitzen Messer aufgeschnitten und der Inhalt der Bauchhöhle herausgezogen ⑫. Dann müssen die Kiemenbögen entfernt ⑬ und alle Nierenreste unter dem Rückgrat weggeschabt werden, da sie Bitterstoffe enthalten, die den Geschmack beein-

⑫

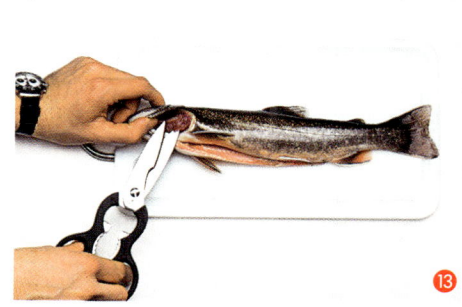

⑬

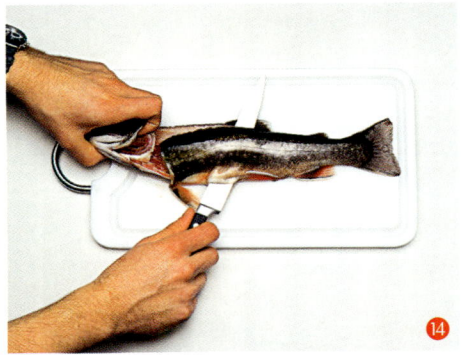

trächtigen können. Direkt hinter den Kiemen wird eingeschnitten und die Klinge entlang des Rückgrats bis zur Schwanzwurzel geführt ⑭. Die Filets werden dann jeweils mit einer Gabel festgehalten, die Rippengräten und das Bauchfell in einer Schicht mit einem flachen Schnitt ausgelöst. Der Rest des Fisches kann für eine Fischbrühe verwendet werden ⑮. Wenn Sie den Fisch selbst schuppen wollen, müssen Sie einfach mit einem Messer die Schuppen von der Schwanzwurzel bis zum Kopf abschaben ⑯. Die Flossen mit einer

Küchenschere abschneiden . ⑰ Den Kopf abtrennen, und den Inhalt der Bauchhöhle von vorne mit dem Stielhaken einer Küchenkelle herausziehen . Den Rumpf mit einem starken Messer in Koteletts schneiden. Bei einem großen Fisch mit einem starken Rückgrat dem Messerrücken einen Schlag mit einem Holzhammer geben ⑱. Bei jeder Scheibe die Niere von der Unterseite des Rückgrats wegkratzen, gut waschen und z. B. mit einer Farce füllen ⑲.

Beim Aal muss zusätzlich der Aalpfropfen, d.h. die Verlängerung der Niere hinter dem Weidloch, ebenfalls aus Geschmacksgründen entfernt werden. Wenn man es nicht selbst machen möchte, kann jeder Fisch beim Fischhändler fertig für den Räucherofen zugeschnitten werden. Auch Schalentiere können ohne weiteres geräuchert werden. Man sollte nur nicht versuchen, Fische von verschiedener Größe gleichzeitig zuzubereiten. Fische, die dazu tendieren, trocken zu werden, wie zum Beispiel Thunfisch oder Schwertfisch, sollte man vor dem Räuchern mit Öl einpinseln.

GETRÄNKE

Räuchern macht natürlich auch Durst und meistens wird man dabei Lust auf ein frisches Bier haben. Allerdings gibt es einige Rezepte in diesem Buch, die doch ein bisschen anspruchsvoller sind und die nach einem guten Wein verlangen: zum Beispiel die Edelkrebse, die Seezunge oder die geräucherten Hechtklößchen. Zu solchen Gerichten passt meist ein reiferer Wein mit mäßig ausgeprägter Säure. Besonders angenehm sind gut gereifte

3-5 Jahre alte trockene Riesling-Spätlesen aus den Anbaugebieten Mosel-Saar-Ruwer, Mittelrhein oder Nahe und herzhafte, trockene Sylvaner aus Franken oder Rheinhessen. Sind die Fische etwas fettreicher, dann passen mittelkräftige Weiß- oder Grauburgunder aus der Pfalz oder aus Baden besser. Zum Aal, der durch den hohen Fettgehalt etwas süßlich wirkt, darf es eine gut gereifte Riesling-Spätlese aus dem Rheingau sein. Für die Leute, die prinzipiell Rotwein bevorzugen, wären ein leichter Portugieser oder Spätburgunder von der Ahr, aber auch ein fruchtiger Trollinger aus Württemberg zu empfehlen.

Petri Heil und guten Appetit!

Francis Ray Hoff

Süßwasserfische

Aal

Der Aal war früher nur in Flüssen und Seen heimisch, die Zugang zum Atlantik hatten. Inzwischen ist er durch Besatz überall in Binnengewässern zu finden. Er wird einerseits wegen seines festen Fleisches geschätzt, aber andererseits wegen des hohen Fettgehalts von manchen Leuten mit Skepsis betrachtet. Aal eignet sich besonders gut zum Räuchern und schmeckt am besten lauwarm oder kalt. Vor dem Ausnehmen muss er mit Salz abgerieben werden, um den Schleim zu entfernen, und es muss darauf geachtet werden, dass kein Aalblut in eine offene Wunde gelangt, da es sonst zu Entzündungen kommen kann.

Geräucherter Aal

Die Aale mit Salz abreiben und jeweils in zwei Stücke schneiden. Den Boden eines Bräters mit Räuchersalz bedecken. Die Aalstücke darauf legen, mit dem gleichen Räuchersalz einreiben, 1½ Stunden ziehen lassen und von Zeit zu Zeit wenden.

Die Vertiefung im Boden des Räucherofens mit Räuchermehl füllen. Die Aalstücke gut abwaschen, nass auf den Rost legen und etwa 15 Minuten räuchern.

Lauwarm oder kalt mit geröstetem Weißbrot und Meerrettich oder Rouille servieren.

Lauwarm oder kalt mit geröstetem Weißbrot und Meerrettich oder Rouille servieren.

Räucheraal mit blanchiertem Gemüse

Für 4 Personen

3 Karotten
3 Petersilienwurzeln
1 Stange Lauch
Salz
500 g Räucheraal
2 rote Zwiebeln
Pfeffer aus der Mühle
4 EL Essig
6 EL Öl
150 g saure Sahne
1 Bund Schnittlauch

Die Karotten, die Petersilienwurzeln und den Lauch putzen und in Scheiben schneiden. In Salzwasser blanchieren, so dass das Gemüse noch etwas Biss hat, abschrecken und gut abtropfen lassen.

Den Aal filetieren, in Stücke schneiden und zusammen mit dem Gemüse auf einer Platte anrichten.

Die Zwiebeln schälen, in Ringe schneiden, darauf verteilen und mit Pfeffer würzen.

Eine Sauce aus Essig, Öl, saurer Sahne und etwas Salz anrühren, den Fisch und das Gemüse damit beträufeln. Zum Schluss den klein gehackten Schnittlauch darüber streuen und mit geröstetem Weißbrot servieren.

REZEPTE

Räucheraal mit Rührei

Für 4 Personen

400 g Räucheraal
Pfeffer aus der Mühle
4 Eier
Salz
Butter
4 Scheiben
  Mischbrot
1 Bund Schnittlauch

Den Aal filetieren, in Stücke schneiden und pfeffern. Die Eier verquirlen, mit Salz und Pfeffer würzen und mit Butter als Rühreier zubereiten. In der Zwischenzeit die Brotscheiben auf einem Blech rösten und die Rühreier darauf verteilen.

Jedes Brot mit Aalstücken belegen und zum Schluss mit klein gehacktem Schnittlauch bestreuen.

Äsche

Der lateinische Name für
die Äsche ist nicht ohne Grund
Thymallus Thymallus: Der frisch
gefangene Fisch hat tatsächlich
einen unverwechselbaren Thy-
miangeruch, den man möglichst
mit frischem Thymian in der
Zubereitung unterstützen sollte.
Der Fisch hat zwar die gleiche
kleine Fettflosse wie eine Forelle, gehört aber nicht zur Familie
der Salmoniden.
Er hat eine fahnenähnliche
Rückenflosse, die in der Laichzeit violett schillert und sein
weißes Fleisch hat einen besonders feinen Geschmack. Leider
sind die Bestände der heimi-
schen Flüsse in den letzten Jah-
ren durch die Kormoranplage
drastisch dezimiert worden.

*Warm mit Reis,
Zitrone oder Krebs-
butter und Salat oder
kalt mit Mayonnaise
servieren.*

Geräucherte Äschen

Für 4 Personen

4 Äschen von
   je 300 g
2 Bund frischer
   Thymian
gemischter Pfeffer
Kochsalz
Räuchermehl
   aus Erle

Die Fische ausnehmen, waschen und trockentupfen, ohne sie zu schuppen. Den Boden eines Bräters mit Salz bedecken, einige Thymianzweige und Pfefferkörner dazugeben. Die Fische innen und außen salzen und darauf legen. Die Äschen 1½ Stunden ziehen lassen, von Zeit zu Zeit wenden.

Die Vertiefung im Boden des Räucherofens mit Räuchermehl füllen und einige Thymianzweige dazugeben. Die Fische abwaschen, trocknen lassen, auf den Rost legen und etwa 12 Minuten räuchern.

Zum Häuten jeweils mit einem spitzen Messer um die Kiemen und Schwanzflosse schneiden sowie entlang des Rückgrats und vom Weidloch bis zum Schwanz. Dann vorsichtig an der Oberseite die Haut in einem Stück von hinten nach vorne abziehen.

REZEPTE

Forelle

Die heimische Forelle, die es früher in jedem Bach gab, ist die rotgetupfte Bachforelle. Die meisten Zuchtforellen sind Regenbogenforellen, die schneller wachsen, aber im Geschmack keinen Unterschied spüren lassen. Das Fleisch der Fische variiert in seiner Farbe von weiß bis gold-gelb oder rot wie beim Lachs. Die Farbe hängt vom Nahrungsangebot ab und ist kein Hinweis auf Qualität. Die Forelle ist der ideale Portionsfisch zum Räuchern und schmeckt warm oder kalt. Größere Forellen wie zum Beipiel Seeforellen, die ein Gewicht von 10 kg auf die Waage bringen können, werden am besten filetiert und in Schnitten geräuchert. Man kann sie auch vorher marinieren wie Graved Lachs.

Geräucherte Forellen

Für 4 Personen

4 Forellen von
   je 350 g
einige kleine
   Wacholderzweige
Räuchersalz mit
   Wacholder
Räuchermehl
   aus Erle

Die Forellen ausnehmen, waschen und trockentupfen. Den Boden eines Bräters mit Räuchersalz bedecken, die Fische mit dem gleichen Salz einreiben, 1½ Stunden ziehen lassen und von Zeit zu Zeit wenden.

Die Vertiefung im Boden des Räucherofens mit Räuchermehl füllen, die Forellen gut abwaschen, trocknen lassen und auf den Rost legen.

Einige kleine Wacholderzweige dazugeben und die Fische etwa 12 Minuten räuchern. Zum Häuten jeweils mit einem spitzen Messer um die Kiemen und Schwanzflosse schneiden sowie entlang des Rückens und vom Weidloch bis zum Schwanz. Dann vorsichtig die Haut von der Oberseite in einem Stück von hinten nach vorne abziehen.

Lauwarm oder kalt mit geröstetem Weißbrot, Sahnemeerrettich und einem grünem Salat servieren.

REZEPTE

Lauwarm oder kalt mit Weißbrot, Meerrettichsahne und Salat servieren.

Marinierte Forellenschnitten

Die Forelle filetieren und eine Hälfte mit der Haut nach unten in einen Bräter legen. Salz, Zucker und Pfeffer mischen und den Fisch damit bestreuen. Die zweite Hälfte mit der Haut nach oben darauf legen, mit einem Brett und einem Stein beschweren und 48 Stunden an einem kühlen Ort ziehen lassen. Von Zeit zu Zeit wenden.
Die Filets $1/2$ Stunde wässern, dann trocknen lassen und die Haut abziehen. Die Vertiefung im Boden des Räucherofens mit Räuchermehl füllen, 8 Schnitten aus den vorderen Teilen der Filets schneiden, auf den Rost legen und etwa 8 Minuten räuchern.
Das Basilikum in Streifen schneiden, die Schnitten damit garnieren.

Für 4 Personen

1 Lachsforelle
  von 1 kg
2 EL Salz
1 EL Zucker
1 TL weißer Pfeffer
1 Bund frisches
  Basilikum
Räuchermehl
  aus Buche

REZEPTE

Lauwarm
zum Aperitif
servieren.

Für 15 Pasteten

50 g geschälte
    Schalotten
Butter
100 g Egerlinge
Salz, Pfeffer aus
    der Mühle
getrockneter
    Majoran
¹/₂ Bund Petersilie
2 Eigelbe
250 g geräuchertes
    Forellenfilet

Für den Teig:
200 g kalte Butter
200 g Quark
1 Prise Salz
280 g Mehl

Kleine Pasteten
mit geräucherter Forelle

Für den Teig die kalte Butter in Würfel schneiden und mit Quark und Salz gut vermengen. Das Mehl dazugeben, kneten und zu einer Kugel formen. Kalt stellen und mindestens 1 Stunde ruhen lassen.

Die Schalotten hacken und mit Butter andünsten. Die Egerlinge in kleine Würfel schneiden und zu den Schalotten geben. Mit Salz, Pfeffer, Majoran und gehackter Petersilie würzen. Die Pilzflüssigkeit verdampfen und abkühlen lassen. Den Teig ausrollen, 15 Kreise von 12 cm Durchmesser ausstechen und mit der Pilzmischung bestreichen. Die Ränder mit Eigelb einpinseln, jeweils ein Stück Forellenfilet darauf legen und die Pasteten zusammenfalten. Ein Blech einfetten und die Pasteten darauf legen. Mit Eigelb einpinseln und im Ofen goldgelb backen.

Hecht

Der Hecht ist ein Raubfisch mit festem, weißen Fleisch, das seit antiken Zeiten von Feinschmeckern besonders geschätzt wurde. Allerdings sind die oberen Hälften der Filets mit lästigen kleinen Gräten gespickt und deswegen wurde der Hecht schon immer gern zu Nockerl verarbeitet, wobei die kleinen Gräten in der Küchenmaschine verschwinden. Bei einem größeren Fisch können auch Koteletts geschnitten und geräuchert werden. Er ist ein ausgesprochener Winterfisch und, obwohl die Schonzeit im April endet, hat er sich vor September noch nicht von den Anstrengungen der Laichzeit erholt.

*Die geräucherten
Nockerl auf eine
Platte legen, mit
Petersilie garnieren
und mit Steinpilzen
oder feinem Herbst-
gemüse servieren.*

Für 4 Personen

1 Hecht von 1½ kg
1 Karotte
1 Scheibe Sellerie
2 Petersilienwurzeln
½ Stange Lauch
1 Zwiebel
80 g geschälte
   Schalotten
Butter
2 Scheiben
   Weißbrot ohne
   Rinde
2 Eier
200 g süße Sahne
Salz, weißer Pfeffer
1 Bund frisches
   Basilikum
Räuchermehl
   aus Buche

Geräucherte Hechtnockerl

Den Hecht ausnehmen und filetieren. Die Filets zur Seite stellen und aus dem restlichen Fisch und dem Gemüse eine Brühe herstellen und abseihen. Die Schalotten in Scheiben schneiden, mit Butter andüsten und abkühlen lassen.
Das Hechtfleisch in Streifen, das Weißbrot in Würfel schneiden und zusammen mit den Eiern, der Sahne und den Schalotten vermischen. Mit Salz und Pfeffer würzen und zu einer glatten Farce verarbeiten.

Das Basilikum in Streifen schneiden und darunter mischen. Einen Esslöffel in heißes Wasser tauchen, damit ein Probenockerl aus der Fisch-farce stechen und in siedender Brühe garen. Nach und nach die restlichen Nockerl auf glei-che Weise zubereiten und zur Seite stellen. Alufolie auf den Rost legen und mit zerlassener Butter leicht einpinseln, Löcher einstechen und die Hechtnockerl darauf legen. Jeweils 4-5 Minuten räuchern.

REZEPTE

Karpfen

Karpfen können 40-50 Jahre alt werden und ein Gewicht von 20-30 kg erreichen. Solche Angelerfolge sollten aber nicht in die Küche wandern. Fische von 1½ -2 kg haben die richtige Größe für den Kochtopf oder auch zum Räuchern. Am besten werden sie in Koteletts geschnitten oder filetiert und in Schnitten zubereitet. Es gibt drei Hauptarten von Karpfen: den Schuppenkarpfen, den Lederkarpfen, der keine Schuppen hat, und den Spiegelkarpfen mit seinen Riesenschuppen. Traditionell wird er zu Weihnachten und Silvester serviert und zu dem Zeitpunkt schmeckt er auch am besten.

Geräucherte Karpfenkoteletts

Für 4 Personen

1 Karpfen von
  1½ kg
Räuchersalz
  mit Paprika
Räuchermehl
  aus Eiche

Dem Karpfen den Kopf abschneiden, von vorne ausnehmen, gut waschen und in Koteletts schneiden. Den Boden von einem Bräter mit Räuchersalz bedecken, damit ebenfalls die Koteletts salzen und darauf legen. 1½ Stunden ziehen lassen und von Zeit zu Zeit wenden.

Die Vertiefung im Boden des Räucherofens mit Räuchermehl füllen, die Koteletts gut abwaschen, trocknen lassen, auf den Rost legen und etwa 15 Minuten räuchern.

Die Koteletts warm mit Paprikagemüse und Schupfnudeln servieren oder kalt mit Taramas (Karpfenrogenmayonnaise), Zwiebelringen und schwarzen Oliven.

REZEPTE

Geräucherte Karpfenschnitten

Für 4 Personen

1 Karpfen von
   1 1/2 kg
einige Wacholder-
   zweige
Räuchersalz mit
   Lorbeer und
   Wacholderbeeren
Räuchermehl aus
   Eiche

Den Karpfen ausnehmen, gut waschen, filetieren und in Stücke schneiden. Den Boden eines Bräters mit Räuchersalz bedecken, die Karpfenschnitten darauf legen und mit dem Räuchersalz bestreuen. 1 Stunde ziehen lassen und von Zeit zu Zeit wenden.

Die Vertiefung im Boden des Räucherofens mit Räuchermehl füllen, einige Wacholderzweige dazulegen. Die Fischstücke gut abwaschen, trocknen lassen und auf den Rost legen. Etwa 8 Minuten räuchern.

Mit Reis und Rouille servieren und mit Schnittlauch garnieren.

Lachs

Seitdem Lachse in den Fjorden und Flussmündungen von Nordeuropa gezüchtet werden, hat Lachs an Exklusivität eingebüßt. Zuchtlachse haben mit Wildlachsen fast nur die Farbe gemeinsam. Sie sind fetter und haben nicht das feste Fleisch eines Fisches, der sich stromaufwärts über Wasserfälle und Hindernisse zu seinem Laichplatz hocharbeiten muss. Trotzdem eignet sich der Zuchtlachs sehr gut zum Räuchern. Er kann in Koteletts geschnitten oder filetiert und in Schnitten zubereitet werden. Heißgeräucherte Lachsschnitten schmecken vorzüglich warm in Verbindung mit Beilagen oder kalt mit Salat und Mayonnaise.

Lauwarm oder kalt mit einem gemischten Salat und Roggenbrot servieren. Sahnemeer-rettich oder Mayon-naise passen ebenfalls gut dazu.

Heißgeräucherter Lachs

Für 4 Personen

750 g Lachsfilet
1 Bund frisches
   Basilikum
Räuchersalz mit
   Wacholderbeeren
Räuchermehl
   aus Eiche

Den Lachs in Stücke schnei-den. Den Boden von einem Bräter mit Wacholdersalz bedecken, die Fischstücke darauf legen und mit dem Wacholdersalz bestreuen. 1¹/₂ Stunden ziehen lassen und von Zeit zu Zeit wenden.

Die Vertiefung im Boden des Räucherofens mit Räucher-mehl füllen, die Lachsstücke gut abwaschen, trocknen las-sen, auf den Rost legen und etwa 20 Minuten räuchern. Die Basilikumblätter in Strei-fen schneiden und die geräu-cherten Filetstücke damit gar-nieren.

Warm oder kalt mit Salat und Weißbrot servieren.

Geräucherte Lachsspieße

Die Grillzwiebeln mit etwas Öl anbraten, die Fischfilets in Würfel von 2¹/₂ cm schneiden und mit den Grillzwiebeln auf Holzspieße stecken.

Den Boden eines Bräters mit Wacholdersalz bedecken, einige Thymianstengel dazugeben, die Spieße darauf legen und mit dem Räuchersalz bestreuen. 1 Stunde ziehen lassen und von Zeit zu Zeit wenden.

Die Vertiefung im Boden des Räucherofens mit Räuchermehl füllen, eine Schicht Alufolie auf den Rost legen, mit einem Spieß Löcher einstechen und mit etwas Öl einpinseln. Die Spieße gut abwaschen, trocknen lassen, darauf legen, einige Thymianzweige dazulegen und etwa 10-12 Minuten räuchern.

Für 4 Personen

750 g Grillzwiebeln
Öl
400 g Lachsfilet
   ohne Gräten
400 g Wallerfilet
1 Bund frischer
   Thymian
Räuchersalz mit
   Wacholderbeeren
Räuchermehl
   aus Erle

REZEPTE

Mit Kerbel garnieren und mit Weißbrot und Salat servieren.

Die Form etwa 30 Sekunden in ein Heisswasserbad stellen und die fertige Mousse auf ein Brett stürzen. Mit Kerbel garnieren und mit Weissbrot und Salat servieren.

Mousse von Heißgeräuchertem Lachs

Für eine Pasteten-form von $1^1/_2$ l Inhalt

400 g heißgeräu-
    chertes Lachsfilet
60 g geschälte
    Schalotten
Butter
2 Scheiben Weißbrot
1 Ei
1 Eigelb
100 g süße Sahne
1 Döschen Safran
    (0,1 g)
Cayennepfeffer
Salz
2 Päckchen gemah-
    lene Gelatine
$^1/_4$ l Weißwein
$^3/_4$ Tasse Fischbrühe
200 g geräucherte
    Forellenfilets
1 Bund frischer
    Kerbel

Das Lachsfilet in Stücke schneiden. Die Schalotten in Scheiben schneiden, in Butter glasig braten, abkühlen lassen und dazugeben. Das Weißbrot in Würfel schneiden und mit den Eiern und der Sahne dazugeben. Mit Safran, Cayennepfeffer und etwas Salz würzen, in der Küchenmaschine zerkleinern und durch ein Sieb streichen. Ein Päckchen Gelatine in einem kleinen Topf mit dem Weißwein aufquellen lassen und anschließend erwärmen, bis die Gelatine sich unter ständigem Rühren aufgelöst hat. Etwas flüssige Gelatine in eine Terrinenform gießen, darin herumschwenken und in einem Kaltwasserbad gelieren lassen. Mehrmals wiederholen, bis sich eine Schicht von 2-3 mm gebildet hat. Die restliche Gelatine in der Fischbrühe auflösen, die Hälfte davon mit der Lachsmousse vermischen, in die Form füllen und zum Festwerden in den Kühlschrank stellen. Die Forellenfilets in die halb gefüllte Form legen, die restliche Gelatine mit der zweiten Hälfte der Mousse vermischen und die Form damit auffülen. Dann 2 – 3 Stunden im Kühlschrank stehen lassen.

REZEPTE

Renke

Renken gibt es in den unterschiedlichsten regionalen Formen. Aber egal, ob es sich um Schwebrenken, Maränen oder Felchen handelt, sie haben alle die kleine Fettflosse am Rücken wie bei einer Forelle, große Rundschuppen, die sehr locker sitzen, und eine silbrige Farbe. Renken sind meist der »Brotfisch« der Berufsfischer an den Voralpenseen. Sie werden deshalb manchmal als »Süßwasserheringe« bezeichnet, aber das zarte Fleisch hat keine Ähnlichkeit mit dem des Salzwasserfisches. Eine Renke hat nur ein Sechstel des Fettgehaltes und wird am besten als Portionsfisch mit einer wunderschönen goldenen Farbe geräuchert.

*Lauwarm oder kalt
mit Bauernbrot,
Salat und Sahnemeer-
rettich oder Rouille
servieren.*

Geräucherte Renken

Für 4 Personen

4 Renken von je
    350 g
Räuchersalz mit
    Wacholderbeeren
Räuchermehl
    aus Erle

Die Renken schuppen, ausnehmen, waschen und trocken-
tupfen. Den Boden eines Bräters mit Räuchersalz bedecken,
damit auch die Fische salzen
und darauf legen. $1^{1}/_{2}$ Stunden
ziehen lassen und von Zeit zu
Zeit wenden.

Die Vertiefung im Boden des
Räucherofens mit Räucher-
mehl füllen, die Renken gut
abwaschen, trocknen lassen,
auf den Rost legen und etwa
12 Minuten räuchern.

Brotaufstrich mit geräucherter Renke

Für 4 Personen

100 g geräuchertes
   Renkenfilet
2 Schalotten
70 g kalte Butter +
   Butter zum Braten
1 hart gekochtes Ei
1 TL Kapern
2 EL gezupfte
   frische Majoran-
   blätter
etwas Senf
1 Spritzer Zitronen-
   saft
weißer Pfeffer
einige Scheiben
   Mischbrot
einige Frühlings-
   zwiebeln

Die Haut vom Renkenfilet entfernen, den Fisch in Streifen schneiden und in eine Schüssel geben.

Die Schalotten schälen, in Scheiben schneiden, mit Butter glasig braten, abkühlen lassen und zu den Fischstreifen geben. Die kalte Butter in Würfel schneiden und zusammen mit dem gehackten Ei und den Kapern über den Fisch verteilen. Die Majoranblätter

darüber streuen und die Mischung in der Küchenmaschine zerkleinern, bis sie zu einer weichen Creme wird.

Mit etwas Senf, Zitronensaft und weißem Pfeffer abschmecken und auf kleine geröstete Brotscheiben streichen.

Mit dem fein geschnittenen Grün der Frühlingszwiebeln garnieren und zum Aperitif servieren.

REZEPTE

Saibling

Der Saibling ist ein enger Verwandter der Forelle. Er hat die gleiche Form und die kleine Fettflosse am Rücken wie alle Salmoniden. Der Saibling ist bunter in der Färbung und der Hauptunterschied liegt gastronomisch in seinem geringeren Fettgehalt. Die zwei Hauptformen sind der Seesaibling und der Bachsaibling, wobei sich letzterer von seinem Vetter nur durch einen schwarzen Streifen hinter dem weißen Rand der Brust-, Bauch- und Afterflossen unterscheidet. Bachsaiblinge werden selten größer als Portionsfische, aber Seesaiblinge können genauso groß wie Seeforellen werden. Beide Arten eignen sich bestens zum Räuchern.

Geräucherte Saiblinge

Für 4 Personen

2 Saiblinge von
    je 500 g
Räuchersalz mit
    Wacholderbeeren
Räuchermehl
    aus Erle

Die Saiblinge ausnehmen, gut waschen und trockentupfen. Den Boden eines Bräters mit Wacholdersalz bedecken, die Fische mit dem gleichen Räuchersalz einreiben, darauf legen, $1^1/_2$ Stunden ziehen lassen und von Zeit zu Zeit wenden.

Die Vertiefung im Boden des Räucherofens mit Räuchermehl füllen, die Saiblinge gut abwaschen, trocknen lassen, auf den Rost legen und etwa 12-14 Minuten räuchern lassen.

Jeweils mit einem spitzen Messer um die Kiemen und Schwanzflosse schneiden sowie entlang des Rückens und vom Weidloch bis zum Schwanz. Dann vorsichtig die Haut von der Oberseite in einem Stück abziehen.

Mit Buttersauce, neuen Kartoffeln und einem grünem Salat servieren.

Kalt schmecken die geräucherten Saiblinge mit Weißbrot, Salat und Meerrettichsahne.

REZEPTE

Geräucherter Saibling mit weißen Bohnen

Die Bohnen abtropfen lassen und auf eine Platte legen. Den Fisch in Stücke schneiden und darauf legen. Eine Vinaigrette aus Essig, Salz, Senf und Olivenöl anrühren und darüber gießen. Den Parmesan in Stückchen bröckeln und mit Zwiebelringen darüber verteilen.

Mit Pfeffer würzen und mit geröstetem Weißbrot servieren.

Für 4 Personen

600 g weiße Bohnen aus der Dose
600 g geräuchertes Saiblingfilet
6 EL Essig
Salz
1 TL scharfer Senf
12 EL Olivenöl
80 g Parmesan
2 rote Zwiebeln
Pfeffer aus der Mühle

Gebratene Saiblingsschnitten

Für 4 Personen

500 g Saiblingfilet
1 Bund frischer
   Thymian
Butterschmalz
Räuchersalz mit
   Wacholder
Räuchermehl
   aus Buche

Den Boden einer Schüssel mit Räuchersalz bedecken und einige Thymianstengel dazugeben. Den Fisch waschen, trockentupfen, in Stücke schneiden und darauf legen. Mit Räuchersalz bestreuen, 1 Stunde ziehen lassen und von Zeit zu Zeit wenden.

Die Vertiefung im Boden des Räucherofens mit Räuchermehl füllen, die Fischschnitten gut abwaschen, trocknen lassen und auf den Rost legen.

Etwa 5 Minuten räuchern lassen, dann mit Butterschmalz in der Pfanne braten. Die Oberseite nur ganz kurz anbraten und dann die Hautseite kross braten. Auf Küchenkrepp abtropfen lassen und zum Aperitif servieren. Die Haut wird so kross, dass man die Schnitten ohne weiteres aus der Hand essen kann.

REZEPTE

Schleie

Schleien gehören zu der Familie der Cypriniden oder Karpfenfische, sind aber viel feiner im Geschmack und haben wesentlich weniger Fett. Mit ihrer olivgrünen Haut, den orangeroten Augen und den kleinen Rundschuppen sind sie auch eleganter als Karpfen.
Sie bevorzugen stilles oder langsam fließendes Wasser und haben eine schleimige Schutzhaut, die Heilwirkungen haben soll, aber vor dem Räuchern mit Salz abgerieben werden muss. Größere Fische können wie Karpfen zubereitet, kleinere Exemplare als Portionsfische geräuchert werden.

*Lauwarm oder kalt
mit Bauernbrot und
Salat servieren.*

Geräucherte Schleien

Für 4 Personen

2 Schleien von
   je 400 g
Salz
Räuchersalz
   mit Paprika
Räuchermehl
   aus Erle

Die Fische ausnehmen, mit Salz abreiben, gut waschen und trockentupfen. Den Boden eines Bräters mit Räuchersalz bedecken, die Fische darauf legen und mit dem Räuchersalz bestreuen. 1^{1}/$_{2}$ Stunden ziehen lassen und von Zeit zu Zeit wenden.

Die Vertiefung im Boden des Räucherofens mit Räuchermehl füllen, die Fische gut abwaschen, trocknen lassen, auf den Rost legen und etwa 15 Minuten räuchern.

Die Fische können auch jeweils in einen halben Ring gebunden werden (s. Foto) und mit einem gelochten Dampfeinsatz im Topf geräuchert werden. In dem Fall muss man mit 20 Minuten Räucherzeit rechnen und jeweils einen Keil aus roher Kartoffel in die Bauchhöhle stecken, damit die Fische nicht umfallen.

Waller

Der Waller kann 60 Jahre alt werden und ein Gewicht von über 100 kg erreichen! Wie der Aal ist er hauptsächlich nachts aktiv. Seine Haut hat eine dicke Schleimschicht und sein Blut ist giftig. Mit seinem riesigen Maul – gespickt mit kleinen Zähnen und sechs Barteln – wirkt er wie ein wahrhaftiges Meeresungeheuer. Bei Köchen und Feinschmeckern ist er aber sehr beliebt, vor allem wegen der vielen Zubereitungsmöglichkeiten, die er bietet. Waller kann man dämpfen, braten, als Ragout oder Fischpflanzerl zubereiten. Besonders gut schmeckt er filetiert und geräuchert mit einem pikanten Gemüse.

Geräucherte Wallerpflanzerl

Für 15 Pflanzerl

500 g Wallerfilet
   (ohne Haut und
   Gräten)
1½ Zwiebeln
Butter
½ Bund Petersilie
1 Ei
4 EL Kartoffelpüree
Salz
weißer Pfeffer
Muskat
Butterschmalz
Räuchermehl
   aus Buche

Die Filets in Stücke schneiden, durch den Fleischwolf drehen und in eine Schüssel geben. Die Zwiebeln hacken, in Butter glasig braten, abkühlen lassen und zusammen mit der gehackten Petersilie, dem Ei und dem Püree dazugeben.

Mit Salz, Pfeffer und etwas Muskat würzen, gut vermengen, zu Pflanzerl formen und in Butterschmalz ausbraten.

Lauwarm mit Weißbrot, Rouille und Salat servieren.

Die Vertiefung im Boden des Räucherofens mit Räuchermehl füllen. Eine Schicht Alufolie auf den Rost legen, mit etwas Öl einpinseln und mit einem Spieß Löcher einstechen. Die Pflanzerl darauf legen und etwa 5 Minuten räuchern.

Geräucherter Waller auf Tomatenkraut

Für 4 Personen

800 g Wallerfilet
2$\frac{1}{2}$ Zwiebeln
300 g durchwachsener Räucherspeck
Butterschmalz
1$\frac{1}{2}$ kg Weißkraut
500 g Tomatenfleisch
1 Bund frischer Thymian
4 rote Chilischoten
Salz
2 Gläser Weißwein
roter Pfeffer
Räuchersalz mit Kräutern der Provence

Den Waller in Stücke schneiden und den Boden von einer Schüssel mit Kräutersalz bedecken. Die Fischstücke darauf legen, mit Kräutersalz bestreuen und 1$\frac{1}{2}$ Stunden ziehen lassen, von Zeit zu Zeit wenden.

In der Zwischenzeit die Zwiebeln und den Speck in Streifen schneiden. In einem großen Schmortopf mit Butterschmalz glasig braten. Das Kraut vierteln, den Strunk entfernen, in Scheiben von 2 cm Dicke schneiden und mit dem Tomatenfleisch, dem Thymian und den Chilischoten dazugeben. Salzen, mit Weißwein löschen und fertig dünsten.

Die Vertiefung im Boden des Räucherofens mit Räuchermehl füllen, die Wallerstücke abwaschen, trocknen lassen, auf den Rost legen und etwa 12 Minuten räuchern. Das Tomatenkraut in eine Schüssel geben, die Wallerstücke darauf legen, mit rotem Pfeffer bestreuen und mit Salzkartoffeln servieren.

Meeresfische

Hering

Der Hering war früher einer der wichtigsten Wirtschaftsfaktoren des gesamten Nordseegebietes und ist daher auch der klassische Räucherfisch. Man kennt ihn unausgenommen als Bückling, ausgenommen als Delikatessbückling, Schleibückling, Sprottenbückling und als Lachshering, den die Engländer »kipper« nennen und gebraten zum Frühstück essen. Die Hausfrau wird ihn ausgenommen und geschuppt als Grünhering beim Fischhändler kaufen, in diesem Zustand kann man ihn bestens räuchern. Der heißgeräucherte Hering schmeckt frisch aus dem Ofen oder kalt zur Brotzeit.

Lauwarm oder kalt mit Sahnemeerrettich, Bauernbrot und Salat servieren.

Geräucherte Heringe

Für 4 Personen

4 Heringe von
    je 250 g
Meersalz
Räuchermehl
    aus Eiche

Die Heringe gut waschen und trockentupfen. Den Boden eines Bräters mit Meersalz bedecken, die Heringe darauf legen und mit Meersalz bestreuen. 1½ Stunden ziehen lassen und von Zeit zu Zeit wenden.

Die Vertiefung im Boden des Räucherofens mit Räuchermehl füllen, die Fische gut abwaschen, trocknen lassen und auf den Rost legen. Etwa 10 Minuten räuchern.

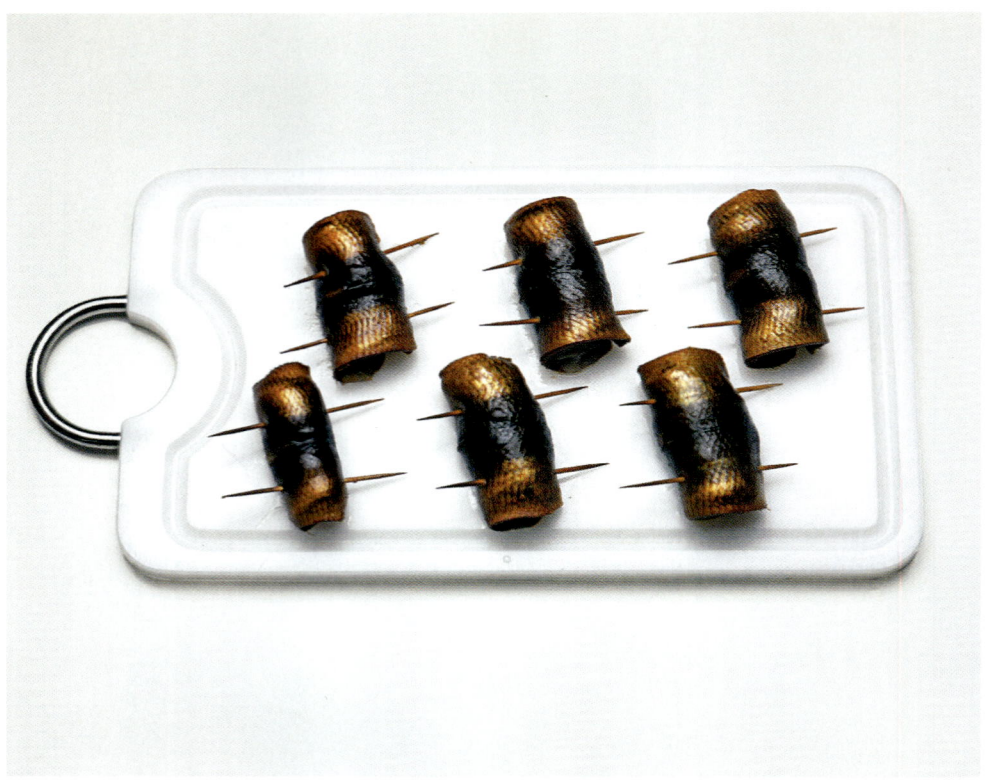

Geräucherte Rollmöpse

Für 4 Personen

8 Heringe von
    je 200 g
10 Schalotten
etwas Butter
1 Zitrone
Meersalz
Räuchermehl
    aus Eiche

Die Heringe gut waschen, die Köpfe abschneiden und jeweils vom Weidloch bis zum Schwanz beidseitig entlang des Rückgrates schneiden, so dass es frei liegt. Anschließend das Messer dicht unter die Rippen führen und schräg nach vorne schneiden, so dass die Rippen frei stehen. Danach das Rückgrat und die Rippen in einem Stück vorsichtig herausziehen.

Den Boden eines Bräters mit Meersalz bedecken, die Fischstücke auf beiden Seiten salzen, zusammenklappen und darauf legen. 1 Stunde ziehen lassen und von Zeit zu Zeit wenden. In der Zwischenzeit die Schalotten schälen, in Scheiben schneiden, mit Butter glasig braten und abkühlen lassen. Die Heringstücke gut abwaschen, flach legen, mit Zitronensaft beträufeln und in der Mitte mit Schalotten belegen. Die Fischstücke zusammenrollen und mit Rouladenspießen befestigen. Die Vertiefung im Boden des Bräters mit Räuchermehl füllen, die Rollmöpse auf den Rost legen und etwa 12 Minuten räuchern.

Schmeckt lauwarm oder kalt mit Bauernbrot, einem gemischten Salat und Rouille.

Makrele

Die Makrele ist ein Schwarm-
fisch, der sich im Sommer und
Herbst in der Nordsee in
Küstennähe aufhält. Sie ist
nicht nur für den Berufsfischer,
sondern auch für den Angler
wichtig, der sie mit Kunstkö-
dern aus Federn in größeren
Mengen fangen kann. Eine
frisch gefangene Makrele in der
Pfanne gebraten ist eines der
schmackhaftesten Fischgerichte
überhaupt. 24 Stunden später
hat sie schon viel von ihrem
Geschmack verloren, aber
geräuchert hat sie immer noch
einen reizvollen, würzigen
Geschmack, der mit Pfeffer aus
der Mühle oder Meerrettich gut
ergänzt wird.

Essen Sie die geräucherten Makrelen lauwarm oder kalt mit Meerrettichsahne und Salat.

Geräucherte Makrelen

Für 4 Personen

4 Makrelen von
   je 250 g
2 Schalotten
2 rote Chilischoten
Meersalz
Räuchermehl
   aus Erle

Die Makrelen ausnehmen, waschen und trockentupfen. Den Boden eines Bräters mit Meersalz bedecken, die Schalotten und die Chilis in Scheiben schneiden und darüber verteilen. Die Fische ebenfalls mit dem Meersalz einreiben, dazugeben und 2-3 Stunden ziehen lassen. Von Zeit zu Zeit wenden.

Die Vertiefung im Boden des Räucherofens mit Räuchermehl füllen, die Makrelen gut abwaschen und trocknen lassen. Die Fische auf den Rost legen und etwa 12 Minuten räuchern.

Rotbarbe

Die Rotbarbe ist ein Mittel-
meerfisch, der vor der französischen und römischen Küste, vor
Malta, Sardinien und auch im
Schwarzen Meer gefangen wird.
Sie hat ein festes wohl-
schmeckendes Fleisch und wird
meistens in Portionsgröße angeboten. Die Rotbarbe hat eine
leuchtend rosa Farbe, wird nicht
geschuppt und sieht besonders
hübsch aus, wenn sie fertig
geräuchert ist: Tiefrot, als ob sie
lackiert wäre. Man kann sie
auch filetieren und Filetschnit-
ten räuchern, aber es ist fast
schade, auf den lackierten
Effekt zu verzichten.

Mit Salzkartoffeln, Meerrettichsahne und Salat servieren oder kalt mit Mayonnaise und geröstetem Weißbrot.

Geräucherte Rotbarben

Für 4 Personen

2 Knoblauchzehen
Wacholderbeeren
einige Lorbeerblätter
2 Rotbarben von
    je 350 g
Petersilie
Räuchersalz mit
    Kräutern der
    Provence
Räuchermehl
    aus Buche

Die Fische gut waschen und trockentupfen. Den Boden eines Bräters mit Räuchersalz bedecken, die Knoblauchzehen in Scheiben schneiden und mit den Wacholderbeeren und den Lorbeerblättern dazugeben. Die Fische darauf legen und mit Räuchersalz bestreuen. 1½ Stunden ziehen lassen und von Zeit zu Zeit wenden. Die Vertiefung im Boden des Räucherofens mit Räuchermehl füllen, die Fische gut abwaschen, trocknen lassen, auf den Rost legen und etwa 12-14 Minuten räuchern. Jeweils mit einem spitzen Messer um die Kiemen und Schwanzflosse schneiden sowie entlang des Rückens und vom Weidloch bis zum Schwanz. Dann vorsichtig die Haut von der Oberseite in einem Stück von hinten nach vorne abziehen.

Die Fische auf eine Platte legen, mit Petersilie garnieren.

REZEPTE

Rotbarsch

Der Rotbarsch oder Goldbarsch wird im Nordatlantik gefangen, vor allem bei Grönland und Island. Er ist ein hervorragender Speisefisch, der am Freitag auf fast jeder Speisekarte steht, weil er unproblematisch in der Zubereitung ist und einen angenehmen milden Geschmack hat.
Er kommt schon filetiert in die Geschäfte und eignet sich gut zum Räuchern.
Am besten schmeckt er frisch aus dem Räucherofen mit Kartoffeln und Gemüse. Hier wird er mit Speck zubereitet, aber er ist auch mit einer pikanten Sauce, der Sauce Tartare oder Rouille sehr zu empfehlen.

Geräucherter Rotbarsch mit Speckmantel

Für 4 Personen

1 Bund frischer
   Thymian
600 g Rotbarschfilet
gemischter Pfeffer
8 Scheiben milder
   Frühstücksspeck
500 g grüne Bohnen
1 Zwiebel
Meersalz
Räuchermehl
   aus Buche

Den Boden eines Bräters mit Meersalz bedecken und den Thymian dazugeben. Die Filets waschen, trockentupfen, in 8 Stücke schneiden und darauf legen. Mit Meersalz und gemischtem Pfeffer bestreuen, $1^1/_2$ Stunden ziehen lassen und von Zeit zu Zeit wenden. Die Vertiefung im Boden des Räucherofens mit Räuchermehl füllen, die Fischstücke gut abwaschen und trocknen lassen. Mit Speck umwickeln, auf den Rost legen und etwa 10 Minuten räuchern.
In der Zwischenzeit die Bohnen kochen, auf eine Platte legen, die Zwiebel hacken, in Butter leicht andünsten und darüber streuen. Die Fischstücke dazugeben und mit Reis servieren.

REZEPTE

Sardine

Die feinsten Sardinen werden vor der atlantischen Küste Portugals gefangen und gleich am Strand auf kleinen Öfchen mit viel Fächern gegrillt. Hier in Mitteleuropa können sie natürlich nicht frisch gefangen angeboten werden, aber die kleinen Fische haben so viel Eigengeschmack, dass ein Sardinengericht immer wieder ein Erfolg wird. Zum Räuchern werden sie nicht ausgenommen, sondern nur gewaschen und als Vorspeise mit den Fingern gegessen. Am besten schmecken sie frisch aus dem Ofen, aber man kann sie ohne weiteres auch kalt mit etwas Zitrone essen.

Mit rohem Gemüse als Vorspeise servieren.

Geräucherte Sardinen

Für 4 Personen

750 g Sardinen
1 Zitrone
Meersalz
Räuchermehl
  aus Buche

Die Sardinen nicht ausnehmen, aber gut waschen und trockentupfen. Den Boden einer Schüssel mit Meersalz bedecken. Die Fische darauf legen, mit Zitronensaft beträufeln und mit Meersalz bestreuen, 1½ Stunden stehen lassen. Von Zeit zu Zeit wenden.

Die Vertiefung im Boden des Räucherofens mit Räuchermehl füllen, das Salz abwaschen, die Fische trockentupfen, auf den Rost legen und etwa 7 Minuten räuchern. Die Köpfe und Gräten mit den Fingern entfernen und die Fische aus der Hand essen.

Scholle

Die Scholle ist ein typischer Nordseefisch, der sofort an seinen roten Punkten zu erkennen ist. Das Fleisch ist weiß und schmackhaft, aber nicht so fest wie das der Seezunge. Es hat auch wesentlich mehr Fett. Man kann den Fisch filetieren, aber am besten lässt er sich in der Haut räuchern. Es lohnt sich, vorher einen Schnitt entlang des Rückgrats zu machen, den man mit Speckwürfeln oder Kräutern füllen kann. Das trägt nicht nur zum Geschmack bei, sondern erleichtert auch das Abziehen der Haut, bevor der Fisch serviert wird.

Geräucherte Scholle

Für 2 Personen

1 Scholle von
 ca.1 kg
2 Scheiben durch-
 wachsener Räu-
 cherspeck
1 Bund frischer
 Salbei
Räuchersalz mit
 Lorbeer
Räuchermehl
 aus Erle

Den Boden eines Bräters mit Räuchersalz bedecken, die Scholle waschen, trockentupfen und darauf legen. Mit dem Räuchersalz bestreuen, 1½ Stunden ziehen lassen und von Zeit zu Zeit wenden.

Die Vertiefung im Boden des Räucherofens mit Räuchermehl füllen, die Scholle gut abwaschen und trocknen lassen. Einen Schnitt entlang des Rückgrats machen und diesen sowie die Bauchhöhle mit gewürfeltem Speck füllen. Den Fisch auf den Rost legen, mit Salbeiblättern und dem restlichen Speck bestreuen und etwa 14 Minuten räuchern.

Die Haut abziehen und mit Salzkartoffeln, Karottengemüse und Brokkoli servieren. Wenn Sie »Fish and Chips« daraus machen wollen, können Sie auch Pommes frites, Erbsen und Sauce Tartare dazu servieren.

Seeteufel

Der Seeteufel wird meistens unter dem französischen Namen »Lotte« angeboten. Er wird im Mittelmeer, im Atlantik und auch in der Nordsee gefangen. Dass er ein Raubfisch ist, sieht man auf den ersten Blick. Mit seinem riesigen Maul und den spitzen Zähnen wirkt er eher bedrohlich, aber sein weißes Fleisch ist sehr fest und fein im Geschmack. In der Regel wird er ohne Kopf und schon mit der Haut abgezogen angeboten. Er hat ein knorpelartiges Rückgrat und wird meistens in Scheiben geschnitten, die auch geräuchert werden können.

Für 4 Personen

600 g Seeteufel,
  in Scheiben
  geschnitten
Olivenöl
8 Schalotten
3 Lorbeerblätter
1 EL Kapern
300 g passierte
  Tomaten
Salz und Pfeffer
  aus der Mühle
einige grüne und
  schwarze Oliven
Räuchersalz mit
  Lorbeer und
  Wacholder
Räuchermehl
  aus Buche

Geräucherter Seeteufel auf Tomatensauce

Den Boden eines Bräters mit Räuchersalz bedecken, den Fisch darauf legen und mit dem gleichen Salz bestreuen. 20 Minuten ziehen lassen und einmal wenden. Die Vertiefung im Boden des Räucherofens mit Räuchermehl füllen. Eine Schicht Alufolie auf den Rost des Räucherofens legen, mit Öl leicht einpinseln und mit einem Spieß Löcher einstechen. Die Seeteufelsteaks waschen, trockentupfen, darauflegen und etwa 6 Minuten räuchern. In der Zwischenzeit die Schalotten schälen, in einer Pfanne mit Olivenöl anbraten, die Lorbeerblätter, die Kapern und die passierten Tomaten dazugeben, mit Salz und Pfeffer abschmecken und die geräucherten Seeteufelsteaks darauf legen. Zum Schluss die Oliven dazugeben und mit Salzkartoffeln servieren.

Seezunge

Die Seezunge, die vor allen europäischen Küsten gefangen wird, ist sofort an ihrer ovalen Form zu erkennen. Das feste, weiße Fleisch wird von Feinschmeckern besonders geschätzt. Sie wird meistens gegrillt oder gebraten, die Filets werden oft als Röllchen zubereitet. Seezunge ist kein klassischer Räucherfisch, wenn sie aber in der Haut geräuchert und mit Zitrone oder einer Buttersauce serviert wird, bekommt sie ein ganz raffiniertes Aroma, das den Geschmack eines Pfannengerichts noch übertrifft.

Geräucherte Seezunge

Für 4 Personen

2 Seezungen von
    je 400 g
1 rote Zwiebel
1 rote Chilischote
3 Zitronen
Meersalz
Räuchermehl
    aus Erle

Den Boden eines Bräters mit Meersalz bedecken, die Fische gut waschen, trockentupfen und darauf legen. Mit Meersalz bestreuen, 1¹/₂ Stunden ziehen lassen und von Zeit zu Zeit wenden.

Die Vertiefung im Boden des Räucherofens mit Räuchermehl füllen, die Fische gut abwaschen und trocknen lassen. Jeweils einen Schnitt entlang des Rückgrats machen, mit Zwiebelringen und Chili-scheibchen bedecken und auf den Rost legen. Etwa 12-14 Minuten räuchern und den fertig geräucherten Fischen die obere Haut abziehen.

Die Fische mit Zitronenspalten anrichten und mit Salzkartoffeln oder Pommes frites, Blattspinat und Petersilienbutter servieren.

REZEPTE

Steinbutt

Der Steinbutt aus der Nord- und Ostsee gehört zu den feinsten Meeresfischen, die regelmäßig im Angebot sind. In der Form hat er Ähnlichkeit mit einer Scholle, hat aber keine roten Punkte auf dem Rücken, sondern unregelmäßige kleine Höcker, die ihm seinen Namen geben. Das Fleisch ist genauso wohlschmeckend wie das der Seezunge. Der Babybutt ist eine besondere Delikatesse, die sich auch in Portionsgröße zum Räuchern eignet und wie die Scholle mit einem Schnitt entlang des Rückgrats zubereitet wird.

Geräucherter Steinbutt

Für 4 Personen

3 Schalotten
einige Lorbeerblätter
2 Baby-Steinbutte
   von je 400 g
Räuchersalz
   mit Paprika
Räuchermehl
   aus Erle

Die Fische gut waschen und trockentupfen. Den Boden eines Bräters mit Räuchersalz bedecken, die Schalotten in Scheiben schneiden und mit den Lorbeerblättern dazugeben. Die Fische darauf legen und mit Räuchersalz bestreuen. 1$^1/_2$ Stunden ziehen lassen und von Zeit zu Zeit wenden.

Die Vertiefung im Boden des Räucherofens mit Räuchermehl füllen, die Fische auf den Rost legen und etwa 10 Minuten räuchern.

Mit Salzkartoffeln, Erbsen und Sauce Tartare servieren.

Thunfisch

Die meisten Leute kennen Thunfisch nur aus der Dose oder als gemischter Brotaufstrich mit Mayonnaise. Dabei wird er mehr und mehr als frischer Fisch angeboten und ist durch seinen fleischähnlichen Geschmack für die Küche durchaus interessant. Der Fisch kann ein Gewicht von 300 kg erreichen und wird meistens in Scheiben oder Steaks geschnitten. Diese Steaks eignen sich auch zum Räuchern. Es besteht aber die Gefahr, dass sie trocken werden und deswegen lohnt es sich, sie vor dem Räuchern mit Olivenöl einzupinseln.

Mit schwarzen Oliven, Frühlingszwiebeln und Weißbrot servieren.

Geräucherte Thunfischsteaks

Für 4 Personen

600 g Thunfisch-
   steaks
1 Zitrone
Olivenöl
Räuchersalz mit
   Kräutern der
   Provence
Räuchermehl
   aus Eiche

Den Boden eines Bräters mit Räuchersalz bedecken. Die Thunfischsteaks darauf legen, mit Räuchersalz bestreuen, mit Zitronensaft beträufeln und 1½ Stunden ziehen lassen.

Die Vertiefung im Boden des Räucherofens mit Räuchermehl füllen, die Steaks gleichmäßig mit Olivenöl bestreichen, auf den Rost legen und etwa 20 Minuten räuchern.

Wolfs-barsch

Der Wolfsbarsch ist sicherlich der feinste aller Meeresfische und wird, um seinem gastronomischen Ruf gerecht zu werden, meistens »Loup de Mer« genannt. Neuerdings wird er auch gezüchtet und in riesigen Behältern gemästet, bis er die gewünschte Marktgröße erreicht. Wie beim Lachs hat ein solcher Zuchtbarsch nur eine äußerliche Ähnlichkeit mit dem wild lebenden Fisch. Ein frisch gefangener Wolfsbarsch sollte eigentlich lieber gedämpft werden, aber ein Zuchtbarsch schmeckt sehr gut geräuchert.

*Warm mit Salzkar-
toffeln und zerlassener
Butter servieren oder
kalt mit Mayonnaise
und geröstetem
Weißbrot.*

Geräucherter Wolfsbarsch

Für 4 Personen

250 g Meeresalgen
1 Limette
gemischter Pfeffer
2 Wolfsbarsche von
  je 300 g
einige Kirsch-
  tomaten
Meersalz
Räuchermehl
  aus Buche

Die Meeresalgen blanchieren.
Den Boden eines Bräters mit
Meersalz bedecken und Limet-
tenscheiben und Pfefferkörner
darauf verteilen. Die Fische mit
einem Teil der Meeresalgen
füllen, in den Bräter legen und
mit dem Salz bestreuen.
1½ Stunden ziehen lassen und
von Zeit zu Zeit wenden.

Die Vertiefung im Boden des
Räucherofens mit Räucher-
mehl füllen, die Fische gut
waschen, trocknen lassen,

auf den Rost legen und etwa
12 Minuten räuchern.
Jeweils mit einem spitzen
Messer um die Kiemen und
Schwanzflosse schneiden,
sowie entlang des Rückens und
vom Weidloch bis zum
Schwanz. Dann vorsichtig die
Haut in einem Stück von hin-
ten nach vorne abziehen.

Die Fische auf eine Platte
legen und mit den restlichen
Meeresalgen und mit Kirschtomaten dekorieren.

REZEPTE

Salat von geräuchertem Wolfsbarsch

Für 4 Personen

250 g Erbsenschoten
1 Bund grüner
   Spargel
$^1/_2$ Zwiebel
1 geräucherter
   Wolfsbarsch von
   300-400 g
einige Kirsch-
   tomaten

Die Erbsenschoten in Salzwasser blanchieren und den Spargel kochen. Das Gemüse auf eine Platte legen, mit gehackten Zwiebeln bestreuen.

Den Fisch filetieren, dazulegen und mit Kirschtomaten dekorieren.
Mit Mayonnaise und geröstetem Weißbrot servieren.

Schmeckt auch sehr gut mit weißem Spargel und einem hart gekochtem Ei.

Schalentiere

Edel-krebse

Edelkrebse erkennt man an ihrer bräunlichen Farbe und den kräftigen Scheren, die auf der Unterseite rot sind. Die Krebspest von 1877-1880 hat sie in Deutschland fast ausgerottet, aber inzwischen gedeihen sie in einigen Gewässern wieder. Die einzige humane Methode Krebse zu töten besteht darin, sie einzeln mit dem Kopf zuerst in kochendes Wasser zu werfen. Deswegen müssen sie vor dem Räuchern in eine sprudelnd kochende Salzwassermischung getaucht werden. Sie sind verendet, sobald die Schwänze sich einrollen. Wenn sie dann noch geräuchert werden, bekommt ihr feiner Geschmack eine zusätzliche Würze.

*Lauwarm mit geröste-
tem Weißbrot und
zerlassener Basilikum-
butter servieren
oder kalt mit Meer-
rettichsahne.*

Für 4 Personen

2 kg Edelkrebse
1 EL Kümmel
Räuchermehl
aus Buche

Geräucherte Edelkrebse

Salzwasser in einem großen Topf mit Kümmel zum Kochen bringen und die lebenden Krebse jeweils mit dem Kopf zuerst hineinwerfen. Wenn die Schwänze sich einrollen, sind die Krebse tot und können gleich auf den Rost des Räucherofens gelegt werden. Die Vertiefung im Boden des Räucherofens mit Räuchermehl füllen und die Krebse in zwei Durchgängen jeweils etwa 10 Minuten räuchern.

Für 4 Personen

1 kg geräucherte
Edelkrebse
Mayonnaise
von 2 Eiern
1 Bund frisches
Basilikum
2 Chicoreestauden

Salat von geräucherten Edelkrebsen

Die Krebsschwänze und die Scheren ausbrechen, in eine Schüssel geben und mit Mayonnaise vermischen. Die Chicoreeblätter waschen und sternförmig auf eine Platte legen. Das Krebsfleisch dazugeben, die Basilikumblätter in Streifen schneiden und darüber streuen.

REZEPTE

Gambas

Man kann streiten, ob es Gambas, Shrimps, Prawns, Crevettes oder Scampi sind, aber inzwischen kommen die Schalentiere aus allen sieben Meeren zu uns und man müsste fast ein Meeresbiologe sein, um sie alle auseinander zu halten. Es macht auch kaum einen Unterschied, ob sie frisch oder gefroren sind, solange sie vor dem Einfrieren frisch waren. In Mittelmeergebieten werden Gambas meistens mit Knoblauch gegessen. Geräuchert schmecken sie sehr gut mit einer Knoblauchmayonnaise.

Mit geröstetem Weißbrot und Mayonnaise als Vorspeise servieren.

Geräucherte Gambas

Den Boden eines Bräters mit Meersalz bedecken, die Gambas darauf legen, mit Zitronensaft beträufeln und die Chilis dazugeben. Mit Meersalz bestreuen und 1½ Stunden ziehen lassen. Von Zeit zu Zeit wenden.

Das Salz abwaschen, die Gambas trockentupfen und auf den Rost des Bräters legen. Die Vertiefung im Boden des Räucherofens mit Räuchermehl füllen und die Gambas etwa 8 Minuten räuchern.

Salat von geräucherten Gambas

Die geräucherten Gambas schälen, in eine Schüssel geben, mit gehackter Petersilie bestreuen. Mit Zitronensaft,

Olivenöl und frisch gemahlenem Pfeffer abschmecken und mit geröstetem Weißbrot servieren.

Muscheln

Muscheln oder Miesmuscheln gedeihen genauso im Mittelmeer wie im Ärmelkanal oder an der Atlantikküste. Wie bei allen Meeresfrüchten ist es wichtig, dass sie frisch sind. Deswegen sind sie eher ein Wintergericht, aber im Süden werden sie bei der größten Hitze angeboten und es scheinen nicht mehr Muschelliebhaber dabei umzukippen als Schwammerlsucher in der Pilzsaison bei uns. Normalerweise werden Muscheln in einem Sud zubereitet, aber das Räuchern gibt ihnen einen zusätzlichen, feinen Geschmack, der sehr interessant ist. Vor dem Räuchern müssen sie, wie bei jeder anderen Zubereitungsart, gründlich geschrubbt werden.

*Mit gehackter
Petersilie bestreuen
und mit Zitrone und
Weißbrot servieren.*

Für 4 Personen

1 kg Miesmuscheln
$\frac{1}{4}$ l Weißwein
Salz und Pfeffer
   aus der Mühle
1 Zwiebel
Petersilie
1 Zitrone
Räuchermehl
   aus Eiche

Geräucherte Muscheln

Die Muscheln waschen, in eine Schüssel geben, mit Weißwein übergießen und mit Salz und Pfeffer würzen. $\frac{1}{2}$ Stunde stehen lassen und von Zeit zu Zeit wenden.

Die Vertiefung im Boden des Räucherofens mit Räuchermehl füllen. Eine Schicht Alufolie auf den Rost des Räucherofens legen, mit einem Spieß Löcher einstechen und die Muscheln darauf verteilen. Die Zwiebel hacken, darüber streuen und die Muscheln 10 Minuten räuchern.

Für 4 Personen

1 kg geräucherte
   Muscheln
$1\frac{1}{2}$ EL Essig
$1\frac{1}{2}$ EL Balsamico-
   essig
6 EL Olivenöl
1 Zwiebel
200 g Tomaten-
   fleisch ohne Kerne
$\frac{1}{2}$ Bund Petersilie

Salat von geräucherten Muscheln

Die Muscheln aus der Schale brechen und in eine Schüssel geben. Den Essig mit dem Olivenöl vermischen, die Zwiebel hacken und mit dem Tomaten-fleisch und der gehackten Petersilie dazugeben. Die Mischung über die Muscheln verteilen und den Salat mit Weißbrot servieren.

Saucen

Sahnemeerrettich

Den Meerrettich schälen, reiben und 4 Esslöffel davon in eine Rührschüssel geben. Die Zwiebel reiben und dazugeben.

Die Sahne schlagen und mit dem geriebenen Meerrettich vermischen. Anschließend mit Salz, Zucker, Muskat und Zitronensaft abschmecken.

4 EL geriebener
   Meerrettich
1 Zwiebel
175 g süße Sahne
1 Prise Salz
1 Prise Zucker
Muskat
1 TL Zitronensaft

Braune Buttersauce mit Kapern

Die Butter in einem kleinen Topf erhitzen und braun werden lassen, ohne dass sie verbrennt. Den Essig und die

Kapern dazugeben und mit Salz und Pfeffer würzen.

Sofort servieren.

150 g Butter
4 EL Rotweinessig
1 EL Kapern
Salz, weißer Pfeffer

Mayonnaise

Die Eigelbe mit der Küchenmaschine so lange schlagen, bis sie hellgelb werden und keine Bläschen mehr werfen.

Das Öl tropfenweise dazugeben und weiterrühren. Kein Öl hinzufügen, bevor nicht der letzte Tropfen absorbiert ist. Nach

und nach mehr Öl einrühren, bis die Mayonnaise steif geworden ist.

Anschließend mit Senf, Essig, Salz und Pfeffer abschmecken und wahlweise Knoblauch oder gehackte Kräuter dazugeben.

3 Eigelbe
1 1/2 Tassen Öl
etwas Senf
4 EL Weißweinessig
Salz
weißer Pfeffer

Rouille

½ Zwiebel
5 EL Olivenöl
2 rote Paprika
½ Tasse starke
   Hühnerbrühe
3 EL geriebener
   Parmesan
2-3 EL Semmel-
   brösel
Salz
Cayennepfeffer

Die Zwiebel in Scheiben schneiden und in Öl glasig braten. Die Paprika waschen, entkernen, in Streifen schneiden und dazugeben. Mit der Hühnerbrühe löschen und langsam dünsten, bis die Flüssigkeit fast verdampft ist, dann kalt stellen.

Die Mischung in der Küchenmaschine mit dem Parmesan zerkleinern, dann die Brösel einrühren und mit Salz und Cayennepfeffer abschmecken.

Nach Geschmack eventuell 1-2 Knoblauchzehen mitdünsten.

Krebsbutter

Schalen von 2 kg
   Krebsen
250 g Butter
2 Zitronen
etwas Krebssud
Salz, Cayenne-
   pfeffer

Die Schalen mit einem Holzhammer auf einem Brett oder in einem Mörser so fein wie möglich zerkleinern. In einer großen Pfanne mit Butter, Zitronensaft und etwas Krebssud dünsten, bis die Flüssigkeit verdampft ist und die Butter rot wird.

Die Butter abseihen, mit Salz und Cayennepfeffer abschmecken und fest werden lassen.

Buttersauce

3 Schalotten
150 g kalte Butter
6 EL Weißweinessig
6 EL trockener
Weißwein
1 Prise Salz
1 Prise Zucker
weißer Pfeffer

Die Schalotten schälen und fein hacken. In einem kleinen Topf mit etwas Butter glasig dünsten, mit Essig und Wein löschen und auf ein Drittel reduzieren.

Salz und Zucker dazugeben, 1 EL Butter hineingeben und auf kleiner Flamme mit einem Schneebesen in die restliche Flüssigkeit einrühren. Nach und nach die Butter stückchenweise dazugeben, jedoch stets warten, bis das letzte Stückchen absorbiert ist.

Mit weißem Pfeffer abschmecken und sofort servieren.

Sauce Tartare

3 Eigelbe
1½ Tassen Öl
4 EL Weinessig
etwas Senf
4 EL fein gehackte
Zwiebeln
4 EL fein gehackte
Cornichons
1½ EL fein gehackte Kapern
2 hart gekochte Eier, klein gehackt
1 Bund Schnittlauch
3 EL gehackte
Petersilie
Salz, weißer Pfeffer

Aus Eigelb, Öl, Essig und Senf eine Mayonnaise anrühren. Die übrigen Zutaten dazugeben, gut vermischen und mit Salz und Pfeffer abschmecken.

Räuchergeräte und Räuchermittel

Beelonia GmbH
Warendorfer Str. 1
48361 Beelen

Tel. (0 25 86) 2 75
Fax (0 25 86) 16 95

Daiwa – Cormoran
Industriestraße 28
82179 Gröbenzell

Tel. (0 81 42) 5 00 50
Fax (0 81 42) 50 05 11

Hans Grassl Apparatebau
Postfach 2150
83462 Berchtesgaden/Schönau

Tel. (0 86 52) 31 92
Fax (0 86 52) 6 36 08

HOSTO Stolz GmbH & Co
Postfach 1660
57290 Neunkirchen/Siegerland

Tel. (0 27 35) 78 31 0
Fax (0 27 35) 78 31 81

Jaeger Edelstahlgeräte
Ehlscheider Pfad 7
56579 Bonefeld

Tel. (0 26 34) 13 13
Fax (0 26 34) 26 90

Kahler Gewürze GmbH
Germaniastr. 29
12099 Berlin

Tel. (0 30) 75 68 80
Fax (0 30) 75 68 81 50

Ossa Räuchergeräte
Torsten Georg e. K.
Linnwiese 1A
57299 Burbach

Tel. (0 27 36) 61 30 od. 66 60
Fax (0 27 36) 66 55
Internet: www.heliasmoker.de

Siegener Räuchertechnik
Halenhorster Str. 5
26197 Großenkneten/Halenhorst

Tel. (0 44 07) 92 79 60
Fax (0 44 07) 92 79 61

VECO AG
Waldegg
CH-8810 Horgen

Tel. CH - (01) 7 25 31 61

Räucheröfen sind auch in allen Angelgeschäften erhältlich.

Aal, geräucherter 20
Äschen, geräucherte 23
Brotaufstrich mit geräucherter Renke 41
Butter, Krebs- 91
Buttersauce 92
Buttersauce, braune, mit Kapern 90
Edelkrebse, geräucherte 83
Edelkrebse, Salat von geräucherten 83
Forelle, geräucherte 25
Forelle, kleine Pasteten
    mit geräucherter 27
Forellenschnitten, marinierte 26
Gambas, geräucherte 85
Gambas, Salat von geräucherten 85
Gebratene Saiblingsschnitten 45
Hechtnockerl, geräucherte 28
Heringe, geräucherte 55
Karpfenkoteletts, geräucherte 31
Karpfenschnitten, geräucherte 33
Krebsbutter 91
Lachs, Mousse von
    heißgeräuchertem 37
Lachs, heißgeräucherter 35
Lachsspieße, geräucherte 36
Makrelen, geräucherte 59
Marinierte Forellenschnitten 26
Mayonnaise 90
Mousse von heißgeräuchertem
    Lachs 37
Muscheln, geräucherte 87
Muscheln, Salat von geräucherten 87
Pasteten, kleine, mit geräucherter
    Forelle 27
Räucheraal mit blanchiertem
    Gemüse 19

Räucheraal mit Rührei 21
Renke, Brotaufstrich mit
    geräucherter 41
Renken, geräucherte 39
Rollmöpse, geräucherte 57
Rotbarben, geräucherte 61
Rotbarsch, geräucherter,
    mit Speckmantel 63
Rouille 91
Sahnemeerrettich 90
Saibling, geräucherter,
    mit weißen Bohnen 44
Saiblinge, geräucherte 43
Saiblingsschnitten, gebratene 45
Salat vom geräuchertem Wolfsbarsch 79
Salat von geräucherten Edelkrebsen 83
Salat von geräucherten Gambas 85
Salat von geräucherten Muscheln 87
Sardinen, geräucherte 65
Sauce Tartare 92
Schleien, geräucherte 47
Scholle, geräucherte 67
Seeteufel, geräucherter,
    auf Tomatensauce 69
Seezunge, geräucherte 71
Steinbutt, geräucherter 73
Thunfischsteaks, geräucherte 75
Waller, geräucherter,
    auf Tomatenkraut 51
Wallerpflanzerl, geräucherte 49
Warmgeräucherter Lachs 35
Wolfsbarsch, geräucherter 77
Wolfsbarsch, Salat vom geräuchertem 79

Danksagung

Verlag und Autor danken der Firma
DAIWA-CORMORAN, Gröbenzell,
für die freundliche Bereitstellung von
Räucherofen, -salz und -mehl bei der
Zubereitung der Rezepte.

Ebenfalls danken Autor und Verlag
dem Hugendubel-Verlag, München,
für die freundliche Genehmigung zur
Veröffentlichung des Exkurses über
das Ausnehmen von Fischen (S. 13
und 14) sowie folgender Rezepte:

Heißgeräucherter Lachs (S. 35),
geräucherte Saiblinge (S. 43),
geräucherter Aal (S. 20),
geräucherte Forellen (S. 25),
geräucherter Karpfen (S. 31),
geräucherter Waller (S. 51),
geräucherte Renken (S. 39)

Bibliografische Information
Der Deutschen Bibliothek

Die Deutsche Bibliothek verzeichnet diese
Publikation in der Deutschen Nationalbiblio-
grafie; detaillierte bibliografische Daten sind
im Internet über http://dnb.ddb.de abrufbar.

2., durchgesehene Auflage

BLV Verlagsgesellschaft mbH
München Wien Zürich
80797 München

Einbandgestaltung: Anja Masuch, Puchheim
Titelmotiv: Francis Ray Hoff
Layout: Kitzmüller, München
Satz und Litho: Tausend Premedia GmbH
Lektorat: Gudrun Ruoff
Druck: Appl, Wemding
Bindung: Ludwig Auer, Donauwörth

Gedruckt auf chlorfrei gebleichtem Papier

Printed in Germany · ISBN 3-405-16633-0

Know-how für die Angelpraxis

John Bailey
Das neue Praxis-Handbuch Angeln

Das große Handbuch für die Angelpraxis mit über 700 farbigen Abbildungen: der Fang von Raub- und Friedfischen, das Angeln mit Kunst- und Naturködern, umfassende Porträts der einzelnen Fischarten – mit Angelmethoden, Ausrüstung und Zubehör.

Ekkehard Wiederholz
Die 150 besten Anglertricks

Aus der Trickkiste erfolgreicher Angler: bewährte Praxistipps für Geräte und Zubehör, Köder, Fangtechniken und Verhalten am Wasser.

Hans Eiber
Das ist Fliegenfischen

Das Know-how für die Praxis: Ausrüstung, erfolgreiche Wurftechniken, Insektenkunde, klassische und moderne Anbietemethoden, die Standplätze der Fische, Fliegenmuster usw.; mit Tipps und Tricks aus der Praxis erfahrener Fliegenfischer.

Peter Owen
Angelknoten-Fibel für unterwegs

Die Knoten-Fibel im Westentaschenformat mit Bindeanleitungen in Schritt-für-Schritt-Zeichnungen: die wichtigsten Verbindungen von Schnur zu Schnur oder von Schnur zu Haken.

Erna Horn / Hedwig Maria Stuber
Fisch in der Küche

Hochgenuss auf leichte Art – das bewährte Standardkochbuch mit klassischen Zubereitungen und Spezialitäten aus aller Welt: die 400 besten Rezepte, Anleitung zur Küchenpraxis, Fischarten-Lexikon.

Tony Miles
Angeln mit Pose, Blei & Blinker

Erfolgreich fangen in Bach, Fluss und See: Ausrüstung und Zubehör, Köder und Lockfutter, Angelknoten; die besten Techniken für jede Fischart und jeden Fanggrund; die wichtigsten Süßwasserfische.

Im BLV Verlag finden Sie Bücher zu den Themen: Garten und Zimmerpflanzen • Natur • Heimtiere • Jagd und Angeln • Pferde und Reiten • Sport und Fitness • Wandern und Alpinismus • Essen und Trinken

Ausführliche Informationen erhalten Sie bei:
BLV Verlagsgesellschaft mbH • Postfach 40 03 20 • 80703 München
Tel. 089 / 12705-0 • Fax 089 / 12705-543 • http://www.blv.de